KB230678

평범한 우리 어린이들을 다음 세대
위인으로 만들어 줄 교과서 위인 이야기!
효리원의 교과서 위인 이야기는 초등학교
교과 과정에 나오는 국내외 위인들을, 우리나라
최고 아동 문학가 53인이 재미있게 동화로 구성했습니다.
지혜와 용기로 위대한 삶을 산 위인들의 이야기는,
어린이들의 마음속에 '나도 할 수 있다.'는
희망의 씨앗을 심어 줄 것입니다!

일러두기

1. 띄어쓰기와 맞춤법 : 초등학교 국어 교과서와 국립국어원의 『표준국어대사전』을 기준으로 하였습니다.

2. 외래어 지명과 인명 : 국립국어원의 『외래어 표기 용례집』을 기준으로 하였습니다.

3. 이해가 어려운 단어 : ( ) 안에 뜻풀이를 하였습니다.

4. 작가 연보 : 연도와 함께 나이를 표기하고, 업적을 간략히 소개하였습니다. 우리나라 위인은 태어난 해를 한 살로 하였고, 외국 위인은 만 나이를 한 살로 하였습니다. 정확한 자료가 없는 위인은 연도와 업적만을 나타냈습니다.

5. 내용 구성 : 위인의 삶은 역사적 자료를 바탕으로 최대한 사실적으로 구성하였습니다. 그러나 읽는 재미를 위해 대화 글이나 배경 묘사, 인물의 감정 표현 등에 작가의 상상력을 가미하였습니다.

6. 그림 구성 : 문헌을 바탕으로 위인이 살던 시대를 충실히 나타내도록 하되 복식의 색상이나 장식, 소품, 건물 등은 작가의 상상으로 그렸습니다.

7. 내용 감수 : 각 분야의 전문가들로 구성된 편집 위원들이 꼼꼼히 감수를 하였습니다.

세계적으로 가장 영향력 있는 흑인 여성

오프라 윈프리

박현숙 글 / 원유미 그림

효 리 원
hyoreewon.com

오프라 윈프리는 '토크 쇼의 여왕'이라고 불리고 있습니다. 25년 간 방송되었던 「오프라 윈프리 쇼」는 세계 145개 나라에서 방송되었습니다. 수많은 사람들이 오프라 윈프리와 함께 웃고 울었으며, 격려와 위로, 그리고 용기를 얻었습니다. 그는 명예와 함께 대단한 갑부의 대열에도 올라섰습니다.

미혼모에게서 태어나 학대와 폭력에 시달렸던 흑인 소녀 오프라 윈프리. 열네 살에 아기를 낳았고 마약에 빠졌던, 가난하고 위태로웠던 어린 시절의 그녀는 이제 어디에도 없습니다.

오프라 윈프리는 꿈을 꾸면 이룰 수 있다고 말했습니다. 어떠한 시련도 꿈을 꾸는 것에 대한 장애는 될 수 없다고 했습니다.

저는 우리 어린이들이 오프라 윈프리가 어려움에 닥쳤을 때마다 어떻게 그 위기를 넘겼는지 살펴보며 이 책을 읽었으면 좋겠습니다. 또 새로운 것에 도전할 때마다 오프라 윈프리는 어떤 마음가

짐이었는지 알아보는 것도 중요합니다. 그러면 끝없이 도전하며, 다가올 미래를 자신의 것으로 만들고자 하는 오프라의 성품을 알 수 있을 것입니다.

그리고 명예와 부를 얻었을 때 그것을 세상에 어떤 방식으로 풀어 놓는지도 어린이가 알아야 할 점입니다. 오프라 윈프리는 자신의 꿈을 이루는 일은 물론 좀 더 살기 좋은 세상을 위해 이웃을 돕는 일에도 앞장섰습니다.

이 책을 통해 우리 어린이들이 세상에 불가능한 것은 없고 이루지 못할 꿈은 없다는 것을 알았으면 합니다. 어떤 시련도 극복이 가능하며 넘지 못할 한계는 없다는 것을 알고 용기를 가졌으면 하는 바람입니다.

오프라 윈프리는 불우한 어린 시절을 보냈습니다. 가난했고 언제나 백인과 비교되는 흑인이었습니다. 하지만 오프라는 자신의 처지에 굴하지 않았습니다. 자신이 타고난 재능을 마음껏 발휘하며 세계적으로 유명한 토크 쇼의 여왕이 되었습니다. 오프라는 명예는 물론 큰 부도 같이 얻었습니다. 어떤 시련도 오프라에게는 장애물이 될 수 없었습니다.

모든 것을 딛고 일어나는 오프라의 감동적인 삶이 이 책을 읽는 어린이들 가슴에도 스며들었으면 좋겠습니다. 글쓴이 박현숙

차 례

우리 아빠는 작은 회사의 직원이었습니다.

우리는 형제가 많기 때문에 아빠는 언제나 열심히 일했습니다. 어느 날 먼 곳에 사는 고객과 아주 중요한 약속이 있었습니다. 그 일은 회사에 큰 영향을 미치는 아주 중요한 일이었습니다. 그런데 바로 그날 약속 장소로 가는 도중 아빠의 고물 자동차가 고장이 나고 말았습니다. 그리하여 고객과의 약속 장소에 제시간에 갈 수 없었고, 아빠는 회사에서 해고당하고 말았습니다. 기운을 잃은 아빠에게 새 자동차를 선물하고 싶은데, 저희는 너무나 가난합니다.

오프라 윈프리 | 2015년 2월 21일, 제30회 독립 영화상 시상식에 참석하여 환하게 웃고 있는 오프라 윈프리

"자동차가 꼭 필요하지만 가난해서 살 수 없는 사람은 저에게 편지를 보내 주세요."

어느 날 「오프라 윈프리 쇼」에서 오프라가 이런 말을 했습니다.

그 뒤 오프라는 어느 소년의 편지를 받고 미소를 지었습니다. 이제 곧 대단한 일이 벌어질 테니까요.

그런데 세계 145개 나라에 방송되어 1억 5천만 명이 시청하는 「오프라 윈프리 쇼」에 자동차에 대한 사연을 보낸 사람은 고작 276명이었습니다.

"설마 편지를 보낸다고 자동차를 주겠어? 자동차 값이 얼만데."

사람들은 대부분 그렇게 생각했습니다.

오프라는 다음 쇼에 편지를 보낸 276명을 초대했습니다.

"여러분! 어떤 꿈이든 이루지 못할 것은 없습니다. 꿈은 이루어집니다!"

오프라는 이 말을 하며 쇼를 시작했습니다. 초대된 사람들은 유명한「오프라 윈프리 쇼」에 초대되었다는 것만으로도 기뻤습니다.

오프라가 그중 열한 명의 이름을 차례로 부르며 앞으로 나오라고 했습니다.

"자, 당신들의 새 자동차가 나갑니다!"

오프라가 소리치자 열한 대의 자동차가 사람들을 향해 다가왔습니다.

"와아! 자동차다. 정, 정말 주는 건가요?"

열한 명의 사람들은 믿을 수 없어 어안이 벙벙했습니다.

"네, 이 자동차는 여러분의 것입니다."

사람들은 감격하여 서로를 얼싸안았습니다.

"정말 좋겠다."

나머지 265명은 박수를 치며 자동차를 받은 사람들을 축하해 주었습니다. 마음속으로는 열한 명이 진심으로 부러웠습니다.

"자, 지금부터 여러분에게 상자를 하나씩 나눠 주겠습니다. 그 안에 열두 번째의 자동차 열쇠가 들어 있습니다. 상자를 열었을 때 자동차 열쇠가 있는 사람이 행운의 주인공이 되는 겁니다."

오프라는 265명의 사람들에게 빨간 리본이 달린 하얀 상자를 하나씩 나눠 주었습니다.

"모두 '내가 주인공이야!'를 외치며 상자를 열어 주세요."

오프라가 외쳤습니다.

"내가 주인공이야!"

"내가 주인공이야!"

사람들은 이렇게 외치며 상자를 열었습니다.

그리고 잠시 후, 상자를 연 사람들은 모두 껑충껑충 뛰며 소리쳤습니다. 265개의 상자에는 모두 자동차 열쇠가 들어 있었

습니다.

"꿈은 이루어진다.
꿈은 이루어진다!"
오프라가 크게 소리쳤습
니다.

그 자동차는 자동차 회사에서 새로 만든 신제품을
홍보하기 위해 기증한 것이었습니다.

기증을 약속 받은 오프라가 쇼에서 자동차를 간절히 원
하는 사람은 편지를 보내라고 말했던 것입니다.

「오프라 윈프리 쇼」를 즐겨 보던 많은 사람들은 기
적 같은 꿈을 꾸지 않았고, 믿지 않았습니다. 단
276명만 제외하고요.

하지만 토크 쇼의 여왕 오프라 윈프리는 간절히 원하면
이루지 못할 꿈은 없다는 것을 보여 주었습니다.

오프라 윈프리는 1954년 1월 29일 미국 중부 미시시피주의 작은 마을, 코지어스코에서 태어났습니다. 오프라를 낳은 엄마 버니타는 열여덟 살로, 결혼을 하지 않은 상태에서 오프라를 낳았습니다. 이름은 '올파'라고 지었는데, 출생 신고서에 철자를 잘못 적는 바람에 '오프라'가 되었습니다.

1930년대에서 1940년대, 미국은 경제 위기가 찾아와 나라 경제가 무척 어려웠습니다. 오프라가 태어난 당시 많은 사람들이 직장과 집을 구하지 못하고 힘겹게 살아가고 있었

습니다. 그래서 가난에 지친 흑인들은 북부 도시로 일거리를
찾아 떠났습니다.

　오프라의 엄마도 오프라가 네 살 때 돈을 벌기 위해 밀워
키라는 북부 도시로 떠났습니다. 그래서 오프라는 외할머니
와 함께 어린 시절을 보냈습니다.

　외할머니 집은 워낙 변두리라서 주변에는 오프라의 친구
가 없었습니다. 오프라는 친구 대신 농장의 동물들과 놀았습

니다.

“너희들 심심하지? 내가 성경책 읽어 줄까?”

오프라는 돼지와 닭들에게 성경책을 읽어 주었습니다.

외할머니는 오프라가 세 살이 되었을 때부터 글을 가르쳤습니다. 오프라는 기억력이 뛰어났습니다. 한 번 읽은 성경 구절은 금세 줄줄 외웠습니다.

“우리 아이가 성경을 아주 잘 외운답니다.”

외할머니는 오프라를 자랑스러워하며 교회에서도 앞에 나가 성경을 낭송하도록 했습니다.

“오프라는 정말 뛰어난 재능을 가졌군요.”

교회 사람들은 감탄했습니다.

오프라는 가난한 외할머니를 보며 자신은 절대 그렇게 살지 않겠다는 결심도 했습니다.

그런데 오프라가 학교에 들어가서 얼마 지나지 않아 외할머니가 병이 들었습니다. 더 이상 외할머니는 오프라를 돌볼 수 없게 되었습니다. 오프라는 밀워키에 있는 엄마에게 가게 되었습니다.

엄마는 백인 집에 청소부로 일하며 단칸방에서 아주 가난하게 살고 있었습니다. 그동안 오프라와는 성이 다른 동생도 생겼습니다. 하지만 동생의 아버지와는 함께 살고 있지 않았습니다.

"너는 대체 책을 왜 보는 거니? 네가 다른 아이들보다 잘났다는 쓸데없는 생각을 하는 거니?"

오프라의 엄마는 오프라가 책 읽는 것을 싫어했습니다. 공부하는 것도 싫어했습니다. 오프라는 작은 방에서 다른 동생을 돌보며 엄마를 도왔습니다.

"내가 일하랴, 아이들 키우랴 힘들어서 안 되겠다. 오프라, 너는 아버지 집에 가서 살아 야겠다."

얼마 지나지 않아 엄마는 오프라를 내슈빌에 살고 있는 아버지 버논 윈프리에게 보냈습니다. 오프라는 아주 어렸을 때 이후로는 아버지를 본 적이 없어 아버지를 봤을 때 무척 서먹서먹했습니다.

아버지와 새엄마 젤마는 일곱 살 오프라가 한가족이 된 것을 기뻐했습니다. 둘 사이에는 아이가 없었거든요.

아버지와 새엄마는 오프라 교육에 적극적이었고 무척 엄했습니다.

"책을 많이 읽어야 훌륭한 사람이 될 수 있단다."

아버지와 새엄마는 오프라를 도서관에 자주 데리고 갔습니다. 오프라는 공부도 잘하고 책을 많이 읽으며 말도 잘하는 아이가 되어 갔습니다.

아버지와 새엄마는 말하기를 좋아하는 오프라의 재능을 알아보았습니다. 그래서 내슈빌에 있는 교회마다 돌아다니며 성경을 낭송하게 했습니다.

"저는 이다음에 말하기 챔피언이 될 거예요. 그리고 배우도 되고 싶어요."

여덟 살 오프라는 아버지에게 이렇게 말했습니다.

1962년, 여름 방학을 맞아 오프라는 엄마를 찾아갔습니다. 그새 동생이 한 명 더 생겼습니다. 오프라는 방학이 끝나도 엄

마 집에 남기로 결심했습니다.

"아빠, 저는 엄마를 기쁘게 해 드리고 싶어요. 일이 바쁜 엄마를 대신해서 동생들을 돌봐야겠어요."

방학이 끝날 무렵 오프라를 데리러 온 아버지에게 오프라는 이렇게 말했습니다.

오프라는 학교에서는 똑똑하고 영리한 아이로 칭찬을 받았

습니다. 하지만 엄마는 너무 바빠 오프라에게 관심과 사랑을 주지 못했습니다.

오프라가 아홉 살 때였습니다. 어느 날 엄마는 외출하며 열아홉 살짜리 사촌 오빠에게 오프라와 동생들을 맡겼습니다. 그날 사촌 오빠는 오프라에게 나쁜 짓을 하고 말았습니다.

"아이스크림을 사 줄 테니 오늘 있었던 일은 아무에게도 말하면 안 돼.”

사촌 오빠는 몸을 떨며 무서워하는 오프라에게 이렇게 말했습니다. 그 뒤로도 오프라는 친한 이웃에게, 또 삼촌에게 나쁜 짓을 당했습니다.

‘모두 다 내 잘못이야.’

오프라는 깊은 슬픔에 빠졌습니다.

그 뒤 오프라는 공부에 흥미를 잃고 말썽을 피우기 시작했습니다. 나쁜 친구들을 사귀고 마약에 빠졌습니다. 열네 살 때에는 아기까지 낳았습니다. 하지만 아기는 태어난 지 얼마 되지 않아 세상을 떠났습니다.

“오프라, 어둠을 뚫고 나오면 빛이 보인단다. 새롭게 시작하는 거야.”

이 사실을 안 아버지는 실의에 빠진 오프라를 따뜻하게 감싸 안아 주었습니다. 오프라는 다시 기운을 얻었습니다.

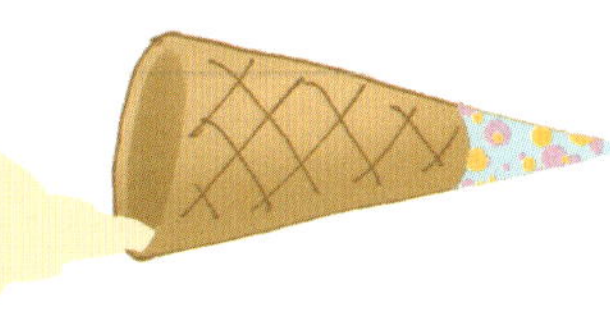

“오프라, 세상에는 세 가지 종류의 사람이 있단다. 첫 번째, 일을 만들고 일으키는 사람, 두 번째는 남이 일을 일으키는 걸 구경만 하는 사람, 세 번째는 무슨 일이 일어났는지조차 모르는 사람. 너는 어떤 사람이 되고 싶니?”

아버지가 오프라에게 물었습니다.

“일을 만드는 사람이 되겠어요. 그리고 제 인생을 책임지는 사람이 되겠어요.”

오프라는 아버지에게 자신의 결심을 보였습니다. 

"그래, 너는 잘할 수 있을 거다."

아버지는 오프라를 격려했습니다.

그 덕에 오프라는 상처를 잊고 예전의 모습을 찾아갔습니다. 오프라는 어디에서든 뒷자리에 숨어 있지 않았습니다. 언제나 앞에 나서기를 좋아했습니다.

오프라는 고등학교에 입학해서 부회장이 되었습니다. 리더십이 뛰어나 테네시주 대표로 백악관 청소년 회의에 참석하기도 했습니다.

"오프라, 백악관에서 있은 청소년 회의에 대해 인터뷰를 좀 하고 싶어요."

오프라가 집으로 돌아오자 방송국에서 인터뷰 요청이 왔습니다. 오프라는 백악관 회의에서 경험했던 것들에 대해 인터

뷰를 했습니다.

어느 날 방송국 관계자가 오프라에게 말했습니다.

"오프라, 미인 대회에 나가 보지 않을래요?"

"미인 대회요?"

오프라는 깜짝 놀랐습니다. 오프라는 단 한 번도 스스로가 미인이라고 생각한 적이 없기 때문이었습니다. 하지만 오프라는 새로운 것에 도전하고 싶어졌습니다. 그래서 '미스 화재 예방 대회'에 나갔습니다.

'이 대회에서 흑인이 우승한 적은 한 번도 없어. 그러니 내가 뽑힐 리가 없어. 그저 새로운 경험을 마음껏 즐기기나 하자.'

이런 마음으로 참가해서인지 오프라는 대회 내내 떨리지 않았습니다. 그래서 어떤 질문에도 재치 있게 대답했습니다.

심사 위원들은 그런 오프라의 솔직함과 총명함에 크게 감명받았습니다.

"이번 미스 화재 예방 대회의 왕관을 쓰게 될 사람은 바로 오프라 윈프리입니다!"

꿈 같은 기적이 일어났습니다. 오프라는 흑인으로는 처음으로 '미스 화재 예방 대회'에서 우승을 하게 된 것입니다.

그리고 더욱 기쁜 일이 오프라에게 다가왔습니다.

"오프라, 당신이 미인 대회에서 말하는 것을 보고, 아나운서가 되어도 손색이 없을 거라는 생각을 했어요. 마침 저녁 뉴스를 진행할 아나운서를 찾고 있는데, 한번 해 보시겠어요?"

방송국에서 아나운서 제의가 들어왔습니다.

미스 화려한 챔피언

그때 오프라는 겨우 열일곱 살의 고등학생이었습니다. 하지만 방송국에서 뉴스를 진행하게 되었고 돈도 벌 수 있게 되었습니다.

1971년 6월, 오프라는 이스트 고등학교를 졸업했습니다. 그리고 테네시 주립 대학에 들어갔습니다. 대학에 입학해서도 아나운서 일을 계속 했습니다.

"이번에는 미스 흑인 내슈빌 대회에 한번 나가 볼까?"

어느 날, 오프라는 내슈빌 미인 대회 포스터를 보게 되었습니다. 그리고 대회에 참가하여 우승을 차지했습니다.

오프라는 자신이 미인 대회에서 계속 우승한다는 사실에 스스로도 놀랐습니다. 솔직히 오프라는 미인이라고 불릴 만큼 예쁘지 않았으니까요.

그즈음 오프라는 어렸을 적 품었던 꿈을 되새기는 기회가 생겼습니다.

할리우드 명예의 거리에 갔을 때였습니다. 할리우드 명예의 거리에는 영화나 텔레비전 스타들의 이름이 적힌 황금 별이 거리를 장식하고 있었습니다.

"나도 내 이름이 적힌 황금 별을 이 거리에 장식하고 싶어."

오프라는 꼭 그렇게 되겠다고 결심했습니다.

얼마 후 오프라는 내슈빌에 있는 CBS 텔레비전 방송국의 저녁 뉴스 기자가 되었습니다. 그때 오프라의 나이 겨우 열아홉 살이었습니다.

'하고 싶어 하는 일도 하고 돈도 벌고 정말 좋아. 열심히 할 거야.'

　오프라는 낮에는 학교에 가고 저녁에는 방송국에서 뉴스를
진행했습니다. 오프라는 내슈빌에서 가장 어린 첫 흑인 여성
뉴스 진행자가 된 것입니다. 어려서부터 성경을 낭송했던 것
이 많은 도움이 되었습니다. 오프라는 자신에게 생기는 새로
운 일이 모두 신기하고 재미있었습니다.

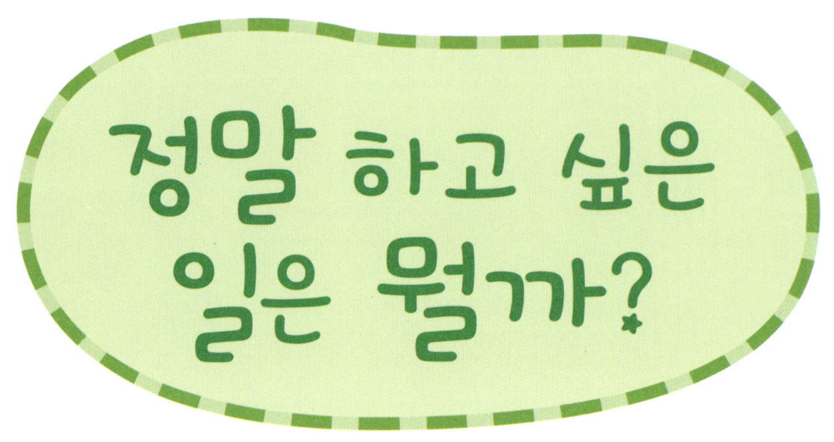

"여보세요, 오프라 윈프리 양이지요? 여기는 볼티모어에 있는 WJZ-TV입니다. 오프라 당신을 뉴스 기자이자, 앵커로 모시고 싶습니다."

1976년 스물두 살이 된 오프라에게 전화가 왔습니다.

"그래, 이름난 방송국에서 일하면 배우는 것도 많고 돈도 많이 벌 거야."

오프라는 곧 볼티모어로 떠났습니다. 하지만 새로 일을 하는 방송국은 내슈빌에 있던 방송국과는 달랐습니다.

"오프라, 뉴스에 감정이 들어가면 어떻게 해요?"

방송국의 윗사람들은 오프라에게 화를 냈습니다. 오프라가 슬픈 뉴스 기사를 읽을 때 울먹인 것이 문제였습니다.

'이 일이 과연 나에게 맞는 일일까?'

오프라는 깊은 고민에 빠졌습니다. 그동안 칭찬만 받았지, 단 한 번도 이런 지적을 받은 적이 없었기 때문에 오프라는 이 일이 자신에게 맞는 일인지 고민을 하게 되었습니다.

오프라의 우울한 날은 계속되었습니다. 그렇게 이 년 가까이 지난 어느 날이었습니다.

"오프라, 뉴스를 그만 두고「이야기해 봅시다」라는 아침 토크 쇼를 공동으로 진행해 보면 어떨까요? 그것이 오프라에게 훨씬 더 잘 맞을 것 같아요."

새로 온 방송 감독이 오프라에게 이렇게 말했습니다.

"토크 쇼라고요?"

"예, 초대 손님들과 이야기를 나누는 것인데, 당신이라면 아주 잘할 것 같아요. 당신은 만나는 사람을 이웃처럼 따뜻하게

대하는 능력이 있거든요."

감독의 생각은 정확했습니다.

토크 쇼를 진행하고 난 후 오프라는 정말 기뻤습니다. 자신에게 가장 잘 맞는 일을 드디어 찾았다고 생각했습니다.

「이야기해 봅시다」를 진행하며 오프라는 원래의 명랑하고 따뜻한 모습으로 돌아갔습니다.

당시 미국에서는 「필 도나휴 쇼」라는 토크 쇼가 최고 인기였습니다. 하지만 볼티모어에서는 「이야기해 봅시다」가 「도나휴 쇼」보다 더 시청률이 높았습니다. 오프라의 인기는 하늘을 찔렀습니다.

오프라는 6년 동안 볼티모어에서 토크 쇼를 공동으로 진행했습니다.

오프라가 서른이 되던 해 다시 새로운 기회가 찾아왔습니다. 시카고에 있는 WLS-TV 방송국의 「에이엠 시카고」라는 토크 쇼의 진행자가 된 것입니다. 시카고는 미국의 큰 도시 가운데 하나입니다.

오프라는 시카고에 가서도 진심을 담아 토크 쇼를 진행했습니다. 쇼에

방송을 마치고 쉬고 있는 오프라 윈프리(1985년) | 1984년 시카고 방송에서 시작한 토크 쇼 「에이엠 시카고」가 큰 성공을 거두었습니다. 이 토크 쇼는 1년 후 「오프라 윈프리 쇼」로 이름이 바뀌었고, 이후 25년(2011년 5월 25일까지) 동안 방송되었습니다.

초대된 손님들이 슬픈 이야기를 하면 같이 슬퍼했고 기쁜 이야기를 하면 자신의 일처럼 기뻐했습니다.

"오우! 저도 밤 열두 시에 핫도그 한 봉지를 다 먹어 치웠지요. 메이플 시럽을 덕지덕지 발라서 말입니다. 이러니 어떻게 살이 빠지겠어요?"

'체중 감량'을 주제로 토크 쇼를 하는 날이었습니다. 오프라는 솔직하게 자신에 대해 이야기했습니다. 사실 오프라는 몸이 무척 뚱뚱했습니다.

"호호호, 진행자도 먹는 것을 참지 못하는군요."

대통령 내외와 오프라 윈프리 | 버락 오바마 대통령과 부인 미셸 오바마 여사가 오프라 윈프리 쇼에 출연한 모습입니다.

쇼에 나온 사람들이나 관객들은 솔직한 오프라를 좋아했습니다.

시카고로 이사한 지 1년 뒤, 오프라가 진행하던 쇼는 「오프라 윈프리 쇼」라는 새로운 이름으로 바뀌게 되었습니다.

오프라는 점점 더 인기 있는 토크 쇼 진행자가 되어 갔습니다. 그리고 돈도 많이 벌게 되었습니다.

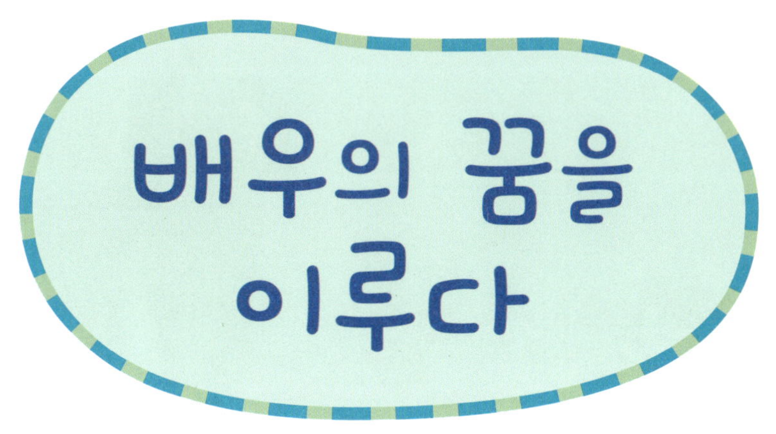

오프라는 할리우드 명예의 거리에서 다짐했던 일을 떠올렸습니다.

'나는 멋진 배우가 되고 싶었어. 그 꿈은 여전히 내 마음속에 있어.'

최고의 토크 쇼 진행자가 되었지만 오프라는 배우의 꿈을 버리지 못했습니다. 그러던 중 드디어 기회가 찾아왔습니다.

영화 제작자이자 음악가인 퀸시 존스가 오프라의 토크 쇼를 보게 되었습니다. 퀸시 존스는 자신이 만들고 있는 영화「컬

러 퍼플』의 소피아 역에 오프라가 잘 어울릴 거라는 생각을 했
습니다.

"음, 제가 보기에 오프라가 그 역을 아주 잘 해내실 것 같아
요. 당장 오디션부터 보도록 하지요."

"오우!『컬러 퍼플』은 제가 가장 사랑하고 좋아하는 책이에요. 어쩌면 이런 행운이 올 수 있을까요?”

오프라는 곧 오디션을 보았고 몇 달 후 영화감독 스티븐 스필버그에게서 전화가 왔습니다. 그렇게 해서 오프라는 드디어 배우의 꿈을 이루게 된 것입니다.

“역시 꿈을 버리지 않으면 꼭 이루어지게 되어 있어.”

오프라는 최선을 다해 소피아 역을 연기했습니다. 소피아는 가난한 남부의 흑인 여성으로 학대와 폭력으로부터 벗어나기 위해 애쓰는 사람이었습니다. 오프라는 소피아 연기를 하며 자신이 마치 소피아가 된 듯 착각에 빠질 정도로 열심히 연기했습니다.

「컬러 퍼플」 영화로 오프라는 그해 아카데미상 후보가 되기도 했습니다.

오프라는 더 큰 꿈을 갖게 되었습니다.

“내가 만들고 싶은 영화를 직접 만들고 싶어. 내가 하고 싶은 방송을 직접 만들고도 싶고.”

오프라는 그동안 번 돈으로 ‘하포프로덕션’이라는 회사를 만

연설을 하는 오프라 윈프리(2010년) | 미국의 캘리포니아 롱비치에서 열린 여성 회의에서 미네르바상을 수상하고 연설을 하는 오프라 윈프리의 모습입니다.

들었습니다. 그리하여 오프라는 역사상 TV와 영화 제작사를 가진 첫 여성이 되었습니다.

오프라는 하포프로덕션을 통해 좋은 책을 영화로 만들기 위해 애썼습니다. 나중에 하포프로덕션은 「오프라 윈프리 쇼」의 권리도 사게 되었습니다. 오프라는 자신의 쇼를 자신의 생각대로 만들 수 있게 되었습니다.

오프라는 토크 쇼를 더욱 좋게 만드는 일에 신경 썼습니다.

"사람은 누구나 스스로 자신의 삶을 바꿀 수 있답니다. 지금 좋지 않은 일이 일어났다고 해서 너무 실망하거나 슬퍼하지 마세요. 훨씬 행복하고 멋진 내일을 만들 힘이 당신에게 있습니다."

오프라는 토크 쇼에서 이렇게 강조했습니다. 또 어려움을 겪고 있는 사람들에게 힘이 되어 줄 능력 있는 연설가들을 쇼에 초대했습니다.

"오프라는 다른 사람들의 아픔과 기쁨을 진심으로 같이하는 특별한 능력이 있어요."

오프라 윈프리 | 오프라 윈프리는 뛰어난 토크 쇼 진행을 인정받아 국제 에미상 방송인상을 수상했습니다.

오프라 윈프리 쇼를 본 사람들은 하나같이 이렇게 오프라를 칭찬했습니다.

그리하여 2003년 초 실시된 여론조사에서 오프라는 미국인들이 가장 좋아하는 TV 방송인으로 꼽혔습니다.

오프라는 뛰어난 토크 쇼 진행을 인정받아 2005년 국제 에미상 시상식에서 방송인상을 받기도 했습니다.

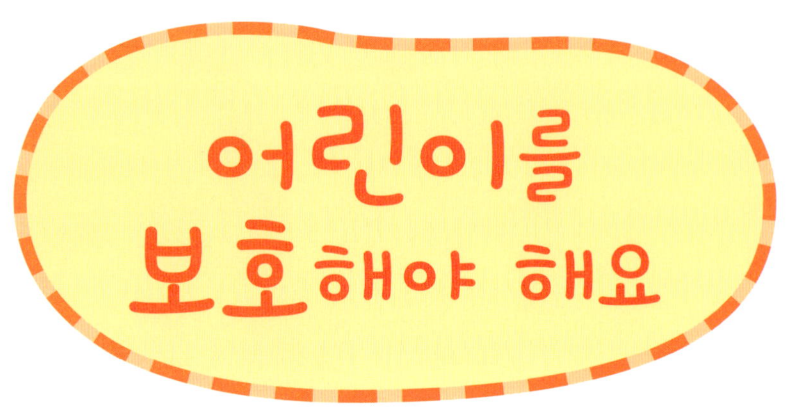

1990년 어느 날이었습니다. 오프라 쇼에 한 여성이 초대되었습니다. 그 여성은 어린 시절 심한 학대와 폭력에 시달렸습니다.

"그 끔찍한 기억은 제 인생을 어둡게 만들었습니다."

여성은 여러 개의 성격을 한꺼번에 가지고 있는 다중인격자였습니다.

"그런 일을 당한 것은 모두 내 탓이었어요. 내가 모자라고 부족해서 그런 일이 일어난 거예요."

그 여성은 그렇게 생각하고 있었습니다.

"아니에요. 그것은 당신의 잘못이 아니에요."

오프라는 말했습니다. 어려운 일을 당하면서도 말을 하지 못했던 것이 큰 상처가 되었다는 것을 오프라는 알고 있었습니다.

오프라는 인터뷰를 하며 울음을 참을 수가 없었습니다.

"저도 아홉 살에 사촌 오빠에게 나쁜 짓을 당했고 그 뒤로도 폭행에 시달렸습니다. 처음에는 저도 그것이 제 잘못인 줄 알았습니다."

오프라는 쇼에서 자신의 어린 시절 이야기를 고백했습니다. 사람들은 모두 깜짝 놀랐습니다.

"아이들은 자신에게 애정을 주는 사람이 늘 필요해요. 그래서 '나는 네가 소중하단다.' 하고 말해 주고 관심을 줄 사람을 찾지요. 불행히도 그런 아이의 마음을 이용하여 나쁜 짓을 하는 어른이 있다는 게 잘못이지요. 절대 아이 탓이 아니랍니다. 그러니 학대를 받는 아이들은 계속 이 사실을 말해야 합니다. 자신의 잘못이 아니니까 말해도 괜찮습니다. 들어 주지 않으면 들어 줄 때까지 말해야 합니다."

오프라는 이렇게 강조했습니다.

"불행한 경험은 혼자 간직하지 마세요. 말을 하고 극복해야 합니다. 고통스러운 경험의 기억을 이겨 내면 새로운 꽃을 피울 수 있습니다."

3D TV
NEW 평면 TV
NEW 평면 TV
3D TV

오프라는 학대를 당했던 사람들을 열심히 도왔습니다.

오프라는 어린이를 학대로부터 보호하기 위한 법도 필요하다는 생각을 했습니다.

'그래, 법으로 아이들을 보호해야 해.'

오프라는 법을 만드는 사람들에게 자신이 받은 학대에 대해 말했습니다.

"아동 학대자들의 명단을 확인할 수 있는 아동 보호법을 만들어 주세요."

오프라는 국가 아동 보호법이 통과할 수 있도록 최선을 다해 일했습니다.

드디어 미국의 빌 클린턴 대통령은 '오프라 법안'인 국가 아동 보호법을 만드는 데 서명했습니다.

국가 아동 보호법이 만들어지면서 아동 학대로 유죄 판결을 받은 사람들의 명단이 파일로 만들어졌습니다. 그리고 이 파일은 어린이와 관련된 일을 하는 모든 기업들에 공개되었습니다.

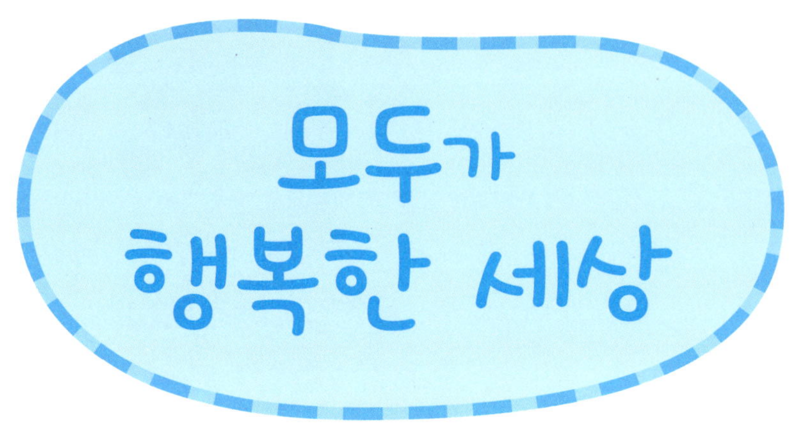

‘내가 좋아하는 책을 시청자와 함께 읽으면 어떨까? 내가 당당하게 살 수 있었던 것은 독서의 힘이 컸어.’

책벌레였던 오프라는 이런 생각을 하게 되었습니다.

‘책은 내가 직접 경험하지 못하는 다른 세상을 경험할 수 있게 해 줘. 그 경험은 나를 크게 성장시키지. 그래, 많은 사람들이 책을 읽게 만들자.’

오프라는 생각을 당장 실천에 옮겼습니다.

오프라는 방송 독서 동호회 ‘오프라의 독서 클럽’을 만들었습니다.

"여러분, 이번에 읽을 책은 『사랑이 지나간 자리』입니다. 이 책은 아이의 실종을 극복해 나가는 가족들의 이야기를 다룬

소설입니다. 책을 읽고 한 달 뒤
에 이 책의 작가가 출연
해서 토론을 벌일 것입
니다.”

　그렇게 오프라 쇼에서는 많은
책들이 소개 되었습니다.

　오프라 쇼에서 소개되는 책들은 굉장한 반응을 보였습니다.
책이 없어서 못 팔 정도로 베스트셀러가 되었습니다.

　　　　　　　“오늘은 『솔로몬의 노래』의 작가 토니
　　　　　모리슨을 모셔서 책에 대한 토론을 하
　　　　　도록 하겠습니다. 여러분도 아시다시

피 토니 모리슨은 많은 상을 받았고 미국에서 가장 위대한 작가입니다.”

오프라는 자신의 쇼에 유명한 작가들을 초대해 시청자들과 만날 수 있는 기회를 많이 만들었습니다. 책을 읽지 않았던 사람들도 오프라 쇼를 보며 책에 흥미를 갖게 되었습니다. 그리고 전국적으로 많은 독서 동호회가 생겼습니다.

    책을 만드는 출판사는 그 덕에 많은 책을 팔 수 있었습니다.
또 사람들은 책을 읽으며 자신의 인생에 변화를 갖게 되는 기
회를 얻었습니다.

    1997년 오프라는 뜻깊은 일을 시작하게 되었습니다.

    '살기 좋은 세상을 만들 수 있다면 얼마나 좋을까?'

    오프라는 고민 끝에 '엔젤네트워크'라는 자선 캠페인을 시작
했습니다.

"여러분의 사랑을 보여 주세요. 적은 돈이라도 기부하세요.

그러면 기적이 만들어집니다."

오프라는 시청자들에게 말했습니다. 오프라 쇼를 보는 시청

자들은 오프라의 뜻에 힘을 모았습니다.

엔젤네트워크에서는 그렇게 모아지는 기부금으로 소년 소
녀들에게 장학금을 주었습니다. 각각 25,000달러(약 2,500만 원)
의 대학 장학금이 주어졌습니다.

"소년 소녀들이 건강하게 공부를 할 수 있어야 밝은 미래가
열립니다."

오프라는 늘 강조했습니다.

'도움이 필요한 가족들을 어떻게 도우면 좋을까?'

오프라는 가난하게 사는 사람들을 도울 방법을 생각했습

니다.

"그래, 함께 살 집이 있어야 가정이 행복할 수 있어."

오프라는 단칸방에서 지냈던 어린 시절을 생각했습니다. 가족은 물론 친척들이 와도 같이 한 방에서 지내야 했습니다. 친척 중에는 남자들도 많았습니다. 오프라는 생각하고 싶지 않은 기억이었습니다.

"도움이 필요한 사람들이 아주 싼 값에 집을 지을 수 있도록 합시다."

오프라의 엔젤네크워크는 도움을 주는 회사들로부터 3,500만 달러(약 350억 원)를 모금했습니다. 덕분에 가난하고 집이 없던 많은 가정이 따뜻한 집을 갖게 되었습니다. 또 재능 있는 소수 민족 학생들을 좋은 학교에 보내 주는 '보다 나은 기회'라는 단체에서 일하며 그 단체에 1,000만 달러(약 100억 원)를 기부하기도 했습니다.

모두가 함께 행복하기를 원하는 오프라 윈프리. 오프라는 그런 세상을 향해 자신의 방법으로 한 걸음, 한 걸음 앞으로 나갔습니다.

오프라는 자신의 쇼를 새롭게 하기 위해 많은 코너를 새로 만들고 사람들이 문제를 해결하도록 용기를 주었습니다. 그리고 이러한 오프라의 노력은 아카데미 평생공로상이라는 영광을 안겨 주었습니다.

개교식(2007년 1월) | 남아프리카 공화국의 헨리 온 클립에 학교를 세운 오프라 윈프리가 학생들과 테이프를 자르는 모습입니다.

오프라는 미국 경제 전문 잡지, 『포브스』가 선정한 '세계에서 가장 영향력 있는 유명 인사 100인'에 이름을 올렸습니다. 이것은 흑인 여성으로는 처음 있는 일이었습니다. 지금 그녀의 재산은 수천억 원으로 세계에서 가장 영향력 있는 여성으로 손꼽히고 있습니다.

오바마 대통령 지지 연설 | 오프라 윈프리는 2008년 버락 오바마 미국 대통령의 대선 캠프에 참가하여 오바마 지지를 호소하는 선거 운동을 펼쳤습니다.

2011년 5월 오프라는 「오프라 윈프리 쇼」를 끝냈습니다.

1985년 시작해서 25년 만에 막을 내렸습니다.

"여러분, 우리 다시 만나요!"

마지막 방송 때 오프라는 '안녕!' 대신 이렇게 말했습니다.

그것은 토크 쇼의 여왕 오프라는 다시 시청자들의 곁으로 돌아오겠다는 약속이었습니다.

연 대	발 자 취
1954년(0세)	미국 중부 미시시피주의 작은 마을인 코지어스코에서 태어나다.
1971년(17세)	내슈빌 '미스 화재 예방 선발 대회'에서 우승하다. 내슈빌의 지역 방송인 WVOL 방송국에서 시간제 뉴스 아나운서로 방송 일을 시작하다. 이스트 고등학교를 졸업하고 테네시 주립 대학에 입학하다.
1972년(18세)	'미스 흑인 내슈빌'이라는 미인 대회에 나가 우승하다.
1973년(19세)	내슈빌에 있는 CBS 텔레비전 방송국의 저녁 뉴스 기자가 되다. 내슈빌 역사상 가장 어린 첫 흑인 여성 뉴스 진행자가 되다.
1976년(22세)	볼티모어에 있는 WJZ-TV의 뉴스 앵커가 되다.
1978년(24세)	「이야기해 봅시다」라는 토크 쇼의 공동 진행자로 처음 토크 쇼를 진행하게 되다.
1984년(30세)	시카고의 WLS-TV의 「에이엠 시카고」라는 토크 쇼 진행을 맡게 되다. 일 년 뒤 쇼 이름이 「오프라 윈프리 쇼」로 바뀌다.
1987년(33세)	하포프로덕션이라는 제작사를 세우다. 에미상에서 뛰어난 토크 쇼 진행자상을 받다. 이후 1991년, 1992년에 에미상을 수상하다.
1993년(39세)	국가 아동 보호법인 「오프라 법안」이 법으로 만들어지다.
1996년(42세)	'오프라의 독서 클럽'을 만들어 쇼에서 책을 소개하기 시작하다. 오프라 쇼에서 소개된 책들이 베스트셀러가 되다.
1997년(43세)	엔젤네트워크라는 자선 캠페인을 시작하다.
2011년(57세)	25년 동안 방송된 「오프라 윈프리 쇼」가 막을 내리다.

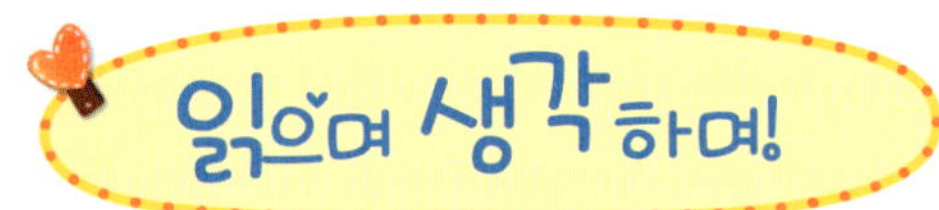

1. 어렸을 적 오프라 윈프리는 왜 동물들에게 성경책을 읽어 주었을까요?

2. 오프라 윈프리는 '미스 화재 예방 대회'에 나가 우승을 하게 됩니다. 그 이유가 무엇이라고 생각하나요?

3. 처음 오프라 윈프리에게 토크 쇼의 진행자가 될 것을 제의한 방송국 감독은 왜 오프라 윈프리가 토크 쇼를 잘할 것이라고 했을까요?

4. 오프라 윈프리가 쇼에서 책을 소개한 이유는 무엇일까요?

5. 오프라 윈프리는 '체중 감량'을 주제로 한 토크 쇼에서 다음과 같이 말합
   니다. 이것을 볼 때 오프라 윈프리는 어떤 진행자인 걸 알 수 있을까요?

"오우! 저도 밤 열두 시에 핫도그 한 봉지를 다 먹어
치웠지요. 메이플 시럽을 덕지덕지 발라서 말입니다.
이러니 어떻게 살이 빠지겠어요?"
　'체중 감량'을 주제로 토크 쇼를 하는 날이었습니다.
오프라는 솔직하게 자신에 대해 이야기했습니다.

6. 오프라 윈프리는 많은 것을 이루었습니다. 가장 이루기 힘들었던 꿈은
   어떤 것이었을지 자신의 생각을 써 보세요.

　오프라는 곧 오디션을 보았고 몇 달 후 영
화감독 스티븐 스필버그에게서 전화가 왔습
니다. 그렇게 해서 오프라는 드디어 배우의
꿈을 이루게 된 것입니다.
　"역시 꿈을 버리지 않으면 꼭 이루어지게
되어 있어."

7. 오프라 윈프리는 아홉 살에 사촌 오빠에게 나쁜 짓을 당했습니다. 사촌 오빠는 아이스크림을 사 주며 그 일을 비밀로 하라고 말했습니다. 나중에 오프라 윈프리가 토크 쇼에서 한 말로 보았을 때, 그 일을 당했을 당시 오프라 윈프리는 어떻게 해야 했는지 자신의 생각을 써 보세요.

오프라는 쇼에서 자신의 어린 시절 이야기를 고백했습니다. 사람들은 모두 깜짝 놀랐습니다.

"아이들은 자신에게 애정을 주는 사람이 늘 필요해요. 그래서 '나는 네가 소중하단다.' 하고 말해 주고 관심을 줄 사람을 찾지요. 불행히도 그런 아이의 마음을 이용하여 나쁜 짓을 하는 어른이 있다는 게 잘못이지요. 절대 아이 탓이 아니랍니다. 그러니 학대를 받는 아이들은 계속 이 사실을 말해야 합니다. 자신의 잘못이 아니니까 말해도 괜찮습니다. 들어 주지 않으면 들어 줄 때까지 말해야 합니다."

1. 친구가 없어서 심심해서.

2. 떨지 않고 자신이 하고 싶은 말을 솔직하고 재치 있게 했기 때문이다.

3. 오프라 윈프리가 만나는 사람들을 이웃처럼 따뜻하게 대하는 능력을 가지고 있기 때문이었다.

4. 사람들이 좋은 책을 많이 읽었으면 좋겠다는 생각에서.

5. 예시 : 쇼에 초대된 손님을 친구처럼, 이웃처럼 편하게 대하며 솔직한 대화를 나누는 진행자이다. 손님의 일을 같이 슬퍼하고 함께 기뻐하는 진행자이다. 그래서 토크쇼의 여왕이 된 것이다.

6. 예시 : 오프라 윈프리가 이룬 것들은 모두 놀랍다. 하지만 내 생각으로는 미인 대회에서 우승한 것이라고 생각한다. 얼마나 심사 위원들을 감동시켰으면 미인이 아니면서도 미인 대회에서 우승을 할 수 있었을까.

7. 예시 : 그것은 어린아이 혼자서는 해결할 수 없는 문제이다. 따라서 엄마와 주위 어른들에게 자신이 당했던 사실을 말해야 했다. 말하며 도와달라고 했어야 했다. 만약 그렇게 했다면 다음에는 그런 일을 다시 당하지 않을 수 있었을 것이다.

우리나라 역사 (위인)

- 광개토태왕 (374~412)
- 을지문덕 (?~?)
- 연개소문 (?~666)
- 김유신 (595~673)
- 대조영 (?~719)
- 장보고 (?~846)
- 왕건 (877~943)
- 강감찬 (948~1031)
- 최무선 (1328~1395)
- 황희 (1363~1452)
- 세종대왕 (1397~1450)
- 장영실 (?~?)
- 신사임당 (1504~1551)
- 이이 (1536~1584)
- 허준 (1539~1615)
- 유성룡 (1542~1607)
- 한석봉 (1543~1605)
- 이순신 (1545~1598)
- 오성과 한음 (오성 1556~1618 / 한음 1561~1613)

우리나라 역사 (사건)

- 고조선 건국 (B.C. 2333)
- 철기 문화 보급 (B.C. 300년경)
- 고조선 멸망 (B.C. 108)
- 고구려 불교 전래 (372)
- 고구려 살수 대첩 (612)
- 신라 불교 공인 (527)
- 신라 삼국 통일 (676)
- 대조영 발해 건국 (698)
- 장보고 청해진 설치 (828)
- 견훤 후백제 건국 (900)
- 궁예 후고구려 건국 (901)
- 왕건 고려 건국 (918)
- 귀주 대첩 (1019)
- 윤관 여진 정벌 (1107)
- 고려 강화로 도읍 옮김 (1232)
- 개경 환도, 삼별초 대몽 항쟁 (1270)
- 문익점 원에서 목화씨 가져옴 (1363)
- 최무선 화약 만듦 (1377)
- 조선 건국 (1392)
- 훈민정음 창제 (1443)
- 임진 왜란 (1592~1598)
- 한산도 대첩 (1592)
- 허준 동의보감 완성 (1610)
- 병자호란 (1636)
- 상평통보 전국 유통 (1678)

| B.C. | 선사 시대 및 연맹 왕국 시대 | A.D. 삼국 시대 | 698 남북국 시대 | 918 고려 시대 | 1392 |

| 2000 | 500 | 400 | 300 | 100 | 0 | 300 | 500 | 600 | 800 | 900 | 1000 | 1100 | 1200 | 1300 | 1400 | 1500 | 1600 |

| B.C. | 고대 사회 | A.D. 375 | 중세 사회 | 1400 |

세계 역사

- 중국 황하 문명 시작 (B.C. 2500년경)
- 인도 석가모니 탄생 (B.C. 563년경)
- 알렉산더 대왕 동방 원정 (B.C. 334)
- 크리스트교 공인 (313)
- 게르만 민족 대이동 시작 (375)
- 로마 제국 동서로 분열 (395)
- 수나라 중국 통일 (589)
- 이슬람교 창시 (610)
- 수 멸망 당나라 건국 (618)
- 러시아 건국 (862)
- 거란 건국 (918)
- 송 태종 중국 통일 (979)
- 제1차 십자군 원정 (1096)
- 테무친 몽골 통일 칭기즈 칸이 됨 (1206)
- 원 제국 성립 (1271)
- 원 멸망 명 건국 (1368)
- 잔 다르크 영국군 격파 (1429)
- 구텐베르크 금속 활자 발명 (1450)
- 코페르니쿠스 지동설 주장 (1543)
- 도요토미 히데요시 일본 통일 (1590)
- 독일 30년 전쟁 (1618)
- 영국 청교도 혁명 (1642~1649)
- 뉴턴 만유인력의 법칙 발견 (1665)

세계 역사 (위인)

- 석가모니 (B.C. 563?~ B.C. 483?)
- 예수 (B.C. 4?~ A.D. 30)
- 칭기즈 칸 (1162~1227)

한국사

1700~	1800	1850	1860	1870	1880	1890	1900	1910	1920	1930	1940	1950	1970	1980	1990	2000

인물

- 정약용 (1762~1836)
- 김정호 (?~?)
- 주시경 (1876~1914)
- 김구 (1876~1949)
- 안창호 (1878~1938)
- 안중근 (1879~1910)
- 우장춘 (1898~1959)
- 방정환 (1899~1931)
- 유관순 (1902~1920)
- 윤봉길 (1908~1932)
- 이중섭 (1916~1956)
- 백남준 (1932~2006)
- 이태석 (1962~2010)

사건

- 이승훈 천주교 전도 (1784)
- 최제우 동학 창시 (1860) / 김정호 대동여지도 제작 (1861)
- 강화도 조약 체결 (1876) / 지석영 종두법 전래 (1879)
- 갑신정변 (1884)
- 동학 농민 운동, 갑오개혁 (1894) / 대한 제국 성립 (1897)
- 을사조약 (1905) / 헤이그 특사 파견, 고종 퇴위 (1907)
- 한일 강제 합방 (1910) / 3·1 운동 (1919)
- 어린이날 제정 (1922)
- 윤봉길·이봉창 의거 (1932)
- 8·15 광복 (1945) / 대한민국 정부 수립 (1948)
- 6·25 전쟁 (1950~1953)
- 10·26 사태 (1979)
- 6·29 민주화 선언 (1987) / 서울 올림픽 개최 (1988)
- 북한 김일성 사망 (1994)
- 의약 분업 실시 (2000)

시대 구분

조선 시대	1876 개화기	1897 대한 제국	1910 일제 강점기	1948 대한민국

연대

1700	1800	1850	1860	1870	1880	1890	1900	1910	1920	1930	1940	1950	1970	1980	1990	2000

근대 사회	1900 현대 사회

세계사

사건

- 미국 독립 선언 (1776) / 프랑스 대혁명 (1789)
- 청·영국 아편 전쟁 (1840~1842)
- 미국 남북 전쟁 (1861~1865)
- 베를린 회의 (1878)
- 청·프랑스 전쟁 (1884~1885)
- 청·일 전쟁 (1894~1895) / 헤이그 평화 회의 (1899)
- 영·일 동맹 (1902) / 러·일 전쟁 (1904~1905)
- 제1차 세계 대전 (1914~1918) / 러시아 혁명 (1917)
- 세계 경제 대공황 시작 (1929)
- 제2차 세계 대전 (1939~1945)
- 태평양 전쟁 (1941~1945) / 국제 연합 성립 (1945)
- 소련 세계 최초 인공위성 발사 (1957)
- 제4차 중동 전쟁 (1973) / 소련 아프가니스탄 침공 (1979)
- 미국 우주 왕복선 콜럼비아호 발사 (1981)
- 독일 통일 (1990) / 유럽 11개국 단일 통화 유로화 채택 (1998)
- 미국 9·11 테러 (2001)

인물

- 워싱턴 (1732~1799)
- 페스탈로치 (1746~1827)
- 모차르트 (1756~1791)
- 나폴레옹 (1769~1821)
- 링컨 (1809~1865)
- 나이팅게일 (1820~1910)
- 파브르 (1823~1915)
- 노벨 (1833~1896)
- 에디슨 (1847~1931)
- 가우디 (1852~1926)
- 라이트 형제 (형, 윌버 1867~1912 / 동생, 오빌 1871~1948)
- 마리 퀴리 (1867~1934)
- 간디 (1869~1948)
- 아문센 (1872~1928)
- 슈바이처 (1875~1965)
- 아인슈타인 (1879~1955)
- 헬렌 켈러 (1880~1968)
- 테레사 (1910~1997)
- 마틴 루서 킹 (1929~1968)
- 만델라 (1918~2013)
- 스티븐 호킹 (1942~2018)
- 오프라 윈프리 (1954~)
- 스티브 잡스 (1955~2011)
- 빌 게이츠 (1955~)

2021년 1월 25일 1판 3쇄 **펴냄**
2013년 11월 25일 1판 1쇄 **펴냄**

펴낸곳 (주)효리원
펴낸이 윤종근
글쓴이 박현숙 · **그린이** 원유미
사진 제공 연합포토
등록 1990년 12월 20일 · **번호** 2-1108
우편 번호 03147
주소 서울시 종로구 삼일대로 457, 1206호
대표 전화 02)3675-5222 · **편집부** 02)3675-5225
팩시밀리 02)765-5222

© 2013, (주)효리원

잘못 만들어진 책은 구입하신 서점에서 바꾸어 드립니다.
ISBN 978-89-281-0306-5 64990

홈페이지 www.hyoreewon.com